历史真好玩

我们的饮食

向锐／著
赵晶／绘

中国人口出版社
China Population Publishing House
全国百佳出版单位

图书在版编目（CIP）数据

历史真好玩．我们的饮食 / 向锐著；赵晶绘．-- 北京：中国人口出版社，2024.2（2024.4 重印）
ISBN 978-7-5101-8903-6

Ⅰ．①历… Ⅱ．①向… ②赵… Ⅲ．①饮食 – 文化史 – 中国 – 儿童读物 Ⅳ．① K209

中国国家版本馆 CIP 数据核字 (2023) 第 056098 号

历史真好玩　我们的饮食

LISHI ZHEN HAOWAN　WOMEN DE YINSHI

向　锐 / 著　　赵　晶 / 绘

策划编辑	李玉景	电子信箱	rkcbs@126.com
责任编辑	李玉景	总编室电话	（010）83519392
装帧设计	北极以北	发行部电话	（010）83510481
责任印制	林　鑫　任伟英	传　　真	（010）83538190
出版发行	中国人口出版社	地　　址	北京市西城区广安门南街 80 号中加大厦
印　　刷	天津中印联印务有限公司	邮政编码	100054
开　　本	787 毫米 ×1092 毫米 1/12		
印　　张	3		
字　　数	38 千字		
版　　次	2024 年 2 月第 1 版		
印　　次	2024 年 4 月第 2 次印刷		
书　　号	ISBN 978-7-5101-8903-6		
定　　价	26.80 元		

小脾气

偶尔爱发小脾气，但活泼开朗、爱动脑筋，对世界充满了好奇心。

咚咚锵

爱吃贪睡，但身手灵活、幽默阳光，是个说干就干的行动派。

初一饺子初二面，
初三合子往家转，
初四烙饼卷鸡蛋，
初五初六捏面团，
初七初八炸年糕，
初九初十白米饭……

小朋友，你知道古人吃什么，怎么吃吗？
让我们一起穿越历史去看看吧！

以前，我们的祖先生活在树上，以树叶和果实为食。

后来，原始人下地生存。除了采集草木果实，还学会了猎捕鸟兽。不过，那时候是“茹（rú）毛饮血”，吃的是生食。

知识小贴士

茹毛饮血

茹：吃，吞咽。指远古时代人类不会制作熟食，捕到猎物后会连毛带血地生吃。用来描绘原始人的生活，也用来形容事物或人处于野蛮状态。

一个偶然的机会，人们发现火烧过的食物更可口，更容易咀嚼。于是，便开始用火烹饪（pēng rèn）食物。

“火烹”就是最初的烹饪方式。用火烧制的熟食更容易消化和吸收，让人们的身体也越来越强壮。

不过，直接用火烧烤的火候不易掌握，食物受热也不均匀。

于是，古人把食物放到石板上或埋到石子堆里，间接利用火来加热食物，这叫“石烹”。

后来，古人把黏（nián）土烧制成耐高温的陶器。炊具诞生了！

陶器可以将食物蒸、煮、熬、炖等，人们进而制作出粥、饭等食物。这也促进了种植业的发展。

知识小贴士

陶烹

我们常说水火不相容，但陶烹使得水火相济。陶烹时代，人们创制了炊具。陶釜（fǔ）、陶罐、陶鬲（lì）等陶器的发明和多样化，让烹饪方法也逐渐多起来。陶器食具的种类与器型奠定了后世金属食具种类与器型的基础。

商朝以后，青铜器的数量和种类增多，更为精巧的青铜炊具出现了。青铜炊具坚固耐用且更利于传热，让炸、煎等油烹法成为可能，这大大提高了烹饪的功效和菜品的质量。

知识小贴士

青铜炊具

青铜在古时被称为“金”“吉金”，是红铜与其他化学元素锡、铅等的合金。刚铸造的青铜器是金色，但出土的青铜因为时间流逝产生锈蚀后变为青绿色，被称为青铜。青铜炊具是古人烹鱼肉、煮稻粱等制作熟食的器具。

鼎和鬲：有腿的锅，直接在下面生火不需要灶就可以做饭，大的叫鼎，小的叫鬲。

釜：圆底无足，相当于现代的锅。

甑：底部有很多小孔的锅，要跟其他厨具组合起来才能使用，相当于现代的蒸锅。

甗：一种复合炊具，上部是甑，下部是鬲或釜，下部烧水煮汤，上部蒸干食。

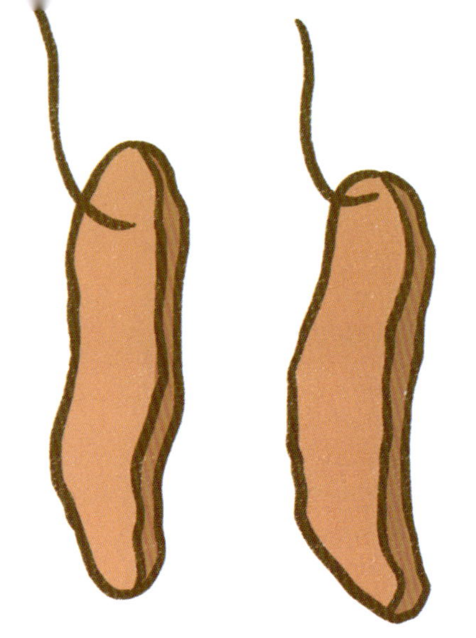

秦汉时期冶铁技术的成熟促进了铁器的使用和推广。

后来，铁质炊具也不断推陈出新。铁锅的出现带来了快速加热成熟的炒法。

中餐逐渐有了炒、爆、熘、炸、煎、焖、煮、蒸等各种烹饪技法，让中华美食名扬天下。

最初，古人直接用手抓东西吃。
在新石器时代，先人们会用匕（bǐ）当餐具。匕形似汤勺。
后来，刀、叉、勺成为主流。

随着厨具的普及，食物更精细，出现了用箸（zhù）进食。箸就是筷子。

但先秦时期，勺子用来吃饭，而筷子只用来夹汤羹里的菜。直到秦汉时期，筷子才逐步成为我们餐具的主角。

随着时间的推移，人们的食材越来越丰富。比如，五谷、五蔬、五果、五畜……

知识小贴士

五谷、五蔬、五果、五畜

五谷：稻、黍（shǔ）、稷（jì）、麦、菽（shū）

五蔬：葵、韭、藿、薤（xiè）、葱

五果：栗、桃、杏、李、枣

五畜：牛、犬、羊、猪、鸡

几千年来我们的餐桌上不断有新品种加入。

知识小贴士

外来食物

历史上大量的国外食物传入中国，不仅丰富了我们的餐桌，也促进了中华饮食文化的形成。现在以“西、洋、番、胡”命名的食物基本上都是从国外引进的。你能说出几种?

西：西瓜、西蓝花、西葫芦

胡：胡萝卜、核桃（胡桃）、胡椒

番：番茄、番薯、番石榴

洋：土豆（洋芋）、洋白菜、洋葱

烹饪方法越来越多，食材越来越丰富，但似乎还差点儿味道。
于是，调味品食盐出现了。
在古代，盐大约有四种，分别是海盐、井盐、池盐和岩盐。

1. 开辟盐田，引入盐水。

2. 风吹日晒，蒸发水分。

3. 结晶成盐，收集盐粒。

知识小贴士

古人晒盐

晒盐法是古代常用的制盐方法之一。在沿海和沿盐湖地区，古人将海水或盐湖水引入盐田，利用日光和风力使水分蒸发，使盐结晶，即可晒出盐。

醋、糖、酱、八角、花椒、辣椒等各种各样的调味品，让人们追求色香味美的观念逐渐增强。

宋朝前，普通老百姓一天只吃早晚两顿饭。而现在一日三餐已经是我们习以为常的事情，甚至还有各种加餐。

饭要吃饱，更要吃好！吃饭似乎还缺点儿什么……

唐代以前，人们主要席地而坐。
地上铺层垫子叫筵（yán），筵上再铺一层叫席，合称为筵席。
吃饭时，人们屈膝跪坐，大家各吃各的，实行“分餐制”。
热闹的宴会上还有歌舞助兴。

知识小贴士

鸿门宴

鸿门宴是历史上一次有名的饭局。秦朝灭亡后，项羽率大军进驻鸿门，准备消灭刘邦。经项羽叔父项伯的调解，刘邦亲赴鸿门去拜见项羽，项羽设宴相待。鸿门宴上刀光剑影，杀机四伏。席间项庄舞剑，伺机刺杀刘邦。后刘邦乘机如厕，有惊无险地逃回自己的大本营。

受少数民族的影响，汉人的生活习惯逐渐发生变化。人们开始坐在一种名叫“胡床”的小椅子上吃饭。

知识小贴士

胡床

胡床不是床，而是类似马扎的小凳子。

后来随着工匠的改良，演变出了带有靠背的椅子。宋朝时，靠背椅和大桌子进入普通百姓家中。人们普遍像现在一样，围坐于一张餐桌前一起吃饭，称为“合餐制”。

吃饭时的表现，能看出一个人有没有教养，懂不懂礼貌。

上桌前主动摆放碗筷，等长辈动筷或是发话后再动筷。

别人为你盛饭、盛汤时，最好起身双手接过并说谢谢。

如果你想为其他人夹菜，应使用公筷。

吃完饭，要主动帮忙收拾和清理。

吃东西不要吧唧嘴，喝汤不要太大声，打喷嚏记得转身掩口鼻。

吃饭的时候不要说不雅的话语，不做不雅的行为。

不对饭菜挑三拣四，不浪费食物。

夹菜应从靠近自己的餐盘夹起，不在盘里翻搅，不能夹了又放回去。

现在，随着生活节奏变快，速食、快餐方便快捷，餐饮店遍布大街小巷，网购、外卖可送货上门。

人们用餐越来越便利。

吃点儿啥？
吃啥不重要，重要的是跟谁吃！
61.30

比起古代，我们的厨具更方便，食材更丰富，调味品种类更多，烹饪方法也更多样。

各具特色、健康营养的美食可以让我们领略天南海北的不同风味。

人们的饮食越来越多元。

吃点儿啥？
吃出好心情，
吃出好身体！

怎么吃? 采摘树叶和果实、茹毛饮血、制成熟食……

怎么做?

火烹(直接用火烧烤)
石烹(间接用火加热)
陶烹(蒸、煮、熬、炖等水烹)
铜烹(炸、煎等油烹)
铁烹(快速加热的炒法等)
……

餐具用什么?

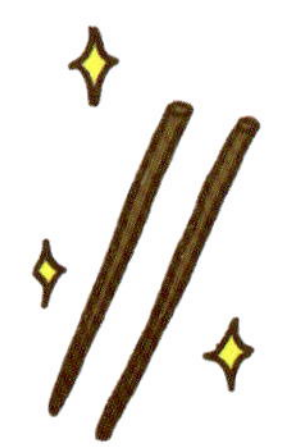

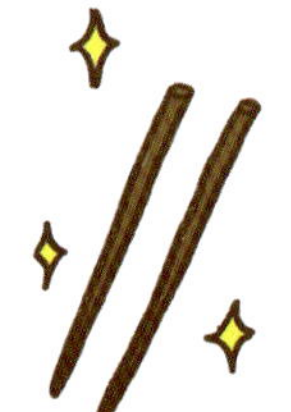

直接用手,骨刀、刀、
叉、勺子、筷子……

食材很丰富

五谷、五蔬、五果、五畜,
本土的、引进的……

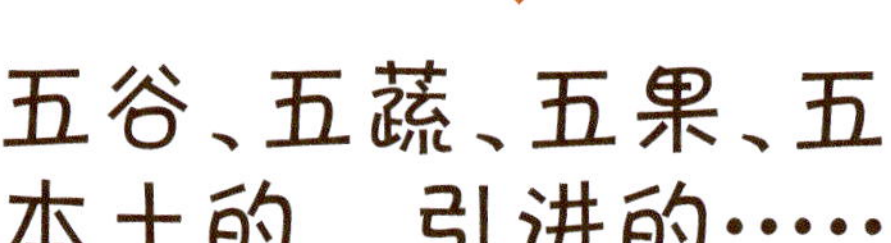

调出好味道 → 食盐、醋、糖、酱、八角、花椒、辣椒……

每天吃几顿？ → 一日两餐、一日三餐，加餐

吃出仪式感 → 跪坐分餐、围坐合餐、用餐礼仪

吃饭更方便 → 速食、快餐、餐饮店、网购、外卖

吃货真满足 → 天南海北、不同风味、各具特色、营养健康

给小朋友的话

小朋友，你听说过“民以食为天”吗？饮食在人们心目中的地位至关重要。我们中华的饮食文化是数千年历史发展的结晶，源远流长并不断发展，充分体现了中国人的勤劳和智慧，在世界上也享有盛名。如今的饮食越来越丰富，可选择的越来越多样，吃点儿啥已经成了要思考的问题了。小朋友，三餐要定时，不挑食、不浪费，荤素搭配有营养……最最重要的是，好好感受和亲爱的家人朋友一起进餐的快乐。祝你好好吃饭，好好享受每一天的餐食，细细品味美好的生活！